Martin Kaule
Arno Specht

Geisterstätten

Vergessene Orte in Mecklenburg-Vorpommern

Mit Fotos von Stefan Büttner, Froschmann Dako, Ann-Kathrin Hahnke, Martin Kaule, Adrian Specht und Arno Specht

Jaron Verlag

Die Autoren
Martin Kaule: MK
Arno Specht: AS

Die Fotografen
Stefan Büttner: 27, 28, 29, 30/31, 32
Froschmann Dako: 59, 60, 61, 62/63, 64
Ann-Kathrin Hahnke: 9, 56/57, 58
Martin Kaule: 13, 14, 15 (2), 16/17, 18, 19, 20, 33, 34/35, 36, 37, 38/39, 40 (2), 41, 42, 43, 44/45, 46, 47, 48/49, 50, 51, 52, 71, 72, 73, 74/75, 76, 83, 84/85, 86/87 (2), 88/89, 90, 91, 92, 93, 94/95, 96
Adrian Specht: 7, 8, 10/11, 12, 21, 22/23, 24, 25, 26, 53, 54, 55, 69
Arno Specht: 65, 66/67, 68, 70, 77, 78/79, 80, 81

Originalausgabe
1. Auflage 2016

www.jaron-verlag.de
Umschlaggestaltung: Bauer+Möhring, Berlin, unter Verwendung von Fotos von Martin Kaule (hinten: Eisenbahnbrücke Dömitz, Stasi-Bunker bei Crivitz, Landesirrenanstalt Domjüch) und Arno Specht (vorn und hinten: Kinderheim in Zinnowitz)
Satz und Layout: Prill Partners | producing, Barcelona
Lithographie: Bild1Druck GmbH, Berlin
Druck und Bindung: Westermann Druck Zwickau GmbH, Zwickau

ISBN 978-3-89773-794-5

Inhalt

Vorwort

Es gibt Orte, an denen die Zeit stillzustehen scheint. Orte, die schon vor Jahrzehnten verlassen und somit sich selbst überlassen wurden. Wenn die Menschen gehen, werden die Gebäude zu stummen Zeugen der Vergangenheit. Sie erzählen Geschichten von früheren Zeiten – den Zeiten, in denen hier noch gewohnt, gearbeitet oder gelernt wurde. Und sie erzählen von den Umständen, die dazu führten, dass diese Orte zu Geisterstätten wurden.

Mecklenburg-Vorpommern ist reich an solchen Orten. Denn das Bundesland an der Ostsee ist nicht nur das Land der Küste und der Seen, der liebevoll herausgeputzten Hafenstädte und der florierenden Badeorte. Es ist auch das Land der Brachen und der sich leerenden Dörfer. Stärker als andere Bundesländer im Osten ist Mecklenburg-Vorpommern von dem betroffen, was gerne als Strukturschwäche bezeichnet wird. Dabei liegen die Kontraste oft nah beieinander: Ruinen mit dunklen Fensterhöhlen stehen häufig direkt neben denkmalgerecht sanierten Strandvillen.

Während in vielen Großstädten des Ostens die Brachen, die der politische Umbruch der Jahre 1989/90 hinterlassen hatte, zu Spekulationsobjekten wurden, ist Mecklenburg-Vorpommern noch weitgehend unberührt von der Entwicklung, die man gern als Gentrifizierung bezeichnet. So lag es nahe, nun auch dem Bundesland im Norden einen Band der »Geisterstätten«-Reihe im Jaron Verlag zu widmen. Das Buch folgt dabei dem gleichen Konzept wie die bisher erschienenen Bände über Berlin (Neuausgabe 2014), Dresden (2012) und Leipzig (2014). Auch hier geht es darum, die Geschichte der verlassenen Orte zu schildern, ihren Aufstieg und Niedergang nachzuzeichnen und diese Entwicklungen in den historischen Kontext einzuordnen. Zugleich lädt auch dieses Buch zu einer virtuellen Reise ein: Die Schilderungen sollen den Leserinnen und Lesern das Gefühl vermitteln, selbst eine Entdeckungsreise durch die Ruinen zu machen. Wie sieht es dort aus? Welche Gefühle wecken diese Stätten? Wie riecht es, welche Geräusche durchbrechen die Stille?

Die Lektüre soll so den eigenen Besuch ersetzen. Denn ganz bewusst verstehen sich die Bücher der »Geisterstätten«-Reihe nicht als Reiseführer. Ein Großteil der in diesem Buch vorgestellten Objekte ist nicht öffentlich zugänglich – und dies mit gutem Recht. Denn jahrzehntelanger Verfall macht ein Gebäude nicht sicherer: Treppen können nachgeben, morsche Böden einsacken, Mauerteile oder Dachziegel herabstürzen – von fehlenden Treppengeländern oder Stolperfallen ganz zu schweigen.

Dank der Texte und Bilder in diesem Buch können die Leserinnen und Leser ganz legal und ohne Risiko eine Rundreise durch die verlassenen Orte in Mecklenburg-Vorpommern starten. Diese führt unter anderem an weithin bekannte Orte wie Prora oder Peenemünde – gigantische Zeugen der NS-Diktatur, die allein durch ihre schiere Größe beeindrucken. Weiter geht es zu verlassenen Sanatorien und Hotels in Zinnowitz und Schwerin, in denen die alte Seebad-Herrlichkeit nur noch zu erahnen ist. Auch zu zahlreichen Spuren, die die Westtruppen der Sowjetarmee in Mecklenburg-Vorpommern hinterlassen haben, führt die Reise – vom Fliegerhorst in Hagenow bis zur Garnison auf der Halbinsel Wustrow. Nur Industrieruinen findet man in diesem Buch kaum – industriell geprägt war Mecklenburg-Vorpommern noch nie.

Der überwiegende Teil der Fotos und Texte in diesem Buch stammt von Martin Kaule. Er ist schon seit Jahren in den Ruinen des Nordens unterwegs und hat bereits mehrere Bücher zu diesem Thema veröffentlicht. Zahlreiche Bilder zu meinen eigenen Beiträgen stammen – wie schon bei den anderen Bänden der Reihe – von meinem Sohn Adrian Specht, für andere habe ich Ann-Kathrin Hahnke zu danken. Für die Texte von Martin Kaule steuerten Stefan Büttner und Froschmann Dako freundlicherweise Fotos bei.

Die Bilder in diesem Buch sind es denn auch, die die versteckte Poesie dieser Orte spürbar werden lassen. Denn Verfall und Vernachlässigung schafft seine ganz eigene Ästhetik: die besondere Schönheit von Orten, an denen die Zeit stehengeblieben ist.

Arno Specht

Die gestrandete Ruine

Navigationsschule in Wustrow

400 Meter östlich der Küste liegt er da: ein grauer Koloss mit regelmäßig angeordneten Fenstern. Ein paar davon haben die Form von Bullaugen. An der Westseite thront ein kubischer Turm, der an die Brücke eines Frachtschiffs erinnert. Zwischen schlammigen Wegen und dürren Bäumchen liegt der Koloss und erinnert an einen gestrandeten Ozeanriesen. Der Kapitän hat seinen Platz schon lange verlassen, auch von den Offizieren fehlt jede Spur, nicht mal mehr ein Matrose huscht durch Gänge oder Frachträume. Selbst der Steuermann ist verschwunden, orientierungslos ist das Schiff am Rand des kleinen Ortes gestrandet. Was in diesem Fall besonders tragisch ist, denn der Koloss war einmal eine Schule, in der gelehrt wurde, wie man sich auf hoher See zurechtfindet: die Großherzogliche Mecklenburgische Navigationsschule zu Wustrow.

Eine Seefahrtschule, die an ein Schiff erinnert. Die vom US-Architek-

Wirkt wie ein Schiff: Die erste Navigationsschule des Landes

Entkernt: Der Umbau zum Wellnessresort hatte schon begonnen

ten Louis Sullivan geprägte und in der Zeit des Bauhauses zur Maxime erhobene Regel »form follows function« haben die Architekten hier unfreiwillig und in ganz besonderer Weise umgesetzt: »So wie du bist, so sind auch deine Gebäude«, hatte Sullivan 1924 proklamiert. Nur auf die Querbauten hätte man im Fall Wustrow vielleicht verzichten sollen. Allerdings ist der Bau in Wustrow auch kein Werk aus einem Guss, sondern das Ergebnis zahlreicher Neu-, An- und Umbauten, in denen sich die Geschichte dieser Lehreinrichtung niedergeschlagen hat.

Begonnen hatte alles bereits 1846. In diesem Jahr wurde die Wustrower Schule formell gegründet, im Jahr darauf begann mit Unterstützung von Friedrich Franz II., dem Großherzog von Mecklenburg, der Bau des ersten Schulgebäudes. Es sollte die erste richtige Navigationsschule des Küstenstaates werden. Zuvor hatten erfahrene Kapitäne ihr Wissen in privatem Unterricht an den Nachwuchs weitergegeben. Doch mit der Industrialisierung expandierte auch die Seefahrt, der Bedarf an professionell ausgebildeten Seeleuten stieg.

Auf sinkende Schülerzahlen gegen Ende des 19. Jahrhunderts – die Handelszentren hatten sich mittlerweile an die Nordsee verlagert – reagierte die Schule selbstbewusst: Neue Fächer wurden angeboten, das Gebäude wurde erweitert. Ab 1916 hieß die Navigationsschule – wie alle vergleichbaren Einrichtungen im Deutschen Reich – Seefahrtschule. Im Jahr darauf entstand der auffälligste Bauteil des Komplexes: der Turm, in dem fortan die astronomische Navigation gelehrt wurde. Während des NS-Regimes wurde aus der Seefahrtschule die Reichsseefahrtschule, erst gegen Ende des Zweiten Weltkriegs wurde der Schulbetrieb eingestellt. Bis dahin hatten knapp 2700 frischgebackene Steuermänner und über 1800 Kapitäne die Wustrower Schule verlassen.

Vom Balkon des Turms aus hat man auch heute noch eine überwältigende Aussicht: Wie vom Ausguck eines Schiffs kann man den Blick über die Küste und das Hinterland streifen lassen. Doch der Blick auf die Schule selbst zeigt Verwahrlosung: Die Fenster des Turms sind zerschlagen, die Meeresbrise weht ungehindert durch die leeren Räume – mit dem Ergebnis, dass dem alten Bau der ruinentypische Modergeruch abgeht. Gruselig ist es dennoch. Auf den Wänden haben Graffiti-Künstler obskure Bilder hinterlassen: Kinderporträts, die in die Leere starren, angsteinflößende Augen, puppenartige Gesichter wie aus einem Horrorfilm. Es ist ein unheimlicher Ort.

Kunst am Bau: Gruselige Graffiti

Dass diese Schule einmal zu den besonders renommierten Ausbildungsstätten gehörte, kann man sich kaum noch vorstellen. Doch zur DDR-Zeit ebnete sie den Weg zum »Traumberuf Ost« schlechthin. Der Beruf auf hoher See war eine der wenigen Möglichkeiten, legal das kapitalistische Ausland kennenzulernen. »Die DDR lag im Rücken und vor uns die Welt«, erzählt ein ehemaliger Seemann in einer Reportage des MDR. Er war einer von über 10 000 Menschen, die in den 1970er Jahren unter der DDR-Flagge die Weltmeere befuhren. Denn, so paradox es heute klingen mag, die DDR war mit über 200 Schiffen eine der

FCH

führenden europäischen Seefahrernationen. Häfen in über 100 Ländern steuerten die Schiffe des VEB Deutsche Seereederei Rostock an. Eine beachtliche Anzahl für ein Land, dessen Bürgern gerade mal ein halbes Dutzend Urlaubsländer offenstand. Das weckte Sehnsüchte, und entsprechend streng war die Auswahl der angehenden Seeleute: Nur wer Linientreue zeigte, durfte die Ausbildung antreten.

Umgedrehter Schiffsbug: Der leere Dachboden

Für 9000 Absolventen erfüllte sich dieser Traum in Wustrow. Schon 1949 war die Schule unter dem wohlklingenden Motto »Jeder Seemann ist ein Garant für den Frieden« wiedereröffnet worden. Auf dem Stundenplan standen vor allem Nautik und Seefunk, schon ab 1950 aber auch Spionagetätigkeiten. Denn nicht jeder DDR-Seemann auf großer Fahrt kam nur als Botschafter des Friedens.

Groß darüber gesprochen wurde nicht. Auch nach 1969 nicht, als die Seefahrtsschule zur Ingenieurhochschule wurde, an der man sogar zum Dr. Ing. promovieren konnte. Dafür verkündet das große Wandgemälde im Speisesaal die schöne Geschichte des freien Handels. Hinter Menschen mit Kisten und Säcken entfalten sich die Kontinente der Welt – und somit auch all jene Länder, die ein DDR-Bürger normalerweise nie zu sehen bekam.

Obwohl die Wände ringsum mit eher banalen Graffiti verziert sind, ist das Gemälde bis heute unversehrt geblieben. Auch die Verwüstungen einer missglückten Sanierung hat das Kunstwerk überstanden. Obwohl bereits ganze Etagen entkernt wurden, um die alte Schule zum exquisiten Wellnessresort zu machen. 2015 hätte es eröffnen sollen. Doch wer Wellness sucht, muss bis heute mit der frischen Ostseeluft vorliebnehmen. Die ist gesund und kostenlos – und wirkt sogar gegen Modergeruch. *AS*

Vorige Doppelseite: Im Speisesaal wird der Mythos der Seefahrt beschworen

Der Koloss von Rügen

KdF-Seebad in Prora

Geisterstätten sind versteckte Stätten: verborgen, nur mit genauer Ortskenntnis aufzufinden. Meistens – aber nicht immer. Denn es gibt auch verlassene Orte, die durch ihre schiere Größe unübersehbar sind. Ein Objekt mit einer Länge von knapp fünf Kilometern ist nicht zu übersehen. Wenn auch der Berliner Fernsehturm mit 368 Metern das höchste Bauwerk Deutschlands ist: Der *längste* Gebäudekomplex befindet sich in der Schmalen Heide, einem Waldgebiet zwischen Mukran und dem Ostseebad Binz. Vom Boden aus ist die kolossale Anlage gar nicht zu erfassen. Nur aus der Luft kann man die wahre Ausdehnung erkennen. Unterschiedliche Gebäudeabschnitte reihen sich aneinander, hin und wieder springen Gebäudeteile in Form eines Schiffs in Richtung Strand hervor, und im Zentrum der Anlage befinden sich zwei quer zum eigentlichen Komplex verlaufende Bauten. Ein gigantisches »Seebad Rügen« sollte hier entstehen. Insgesamt waren vom NS-Regime entlang der deutschen Ost- und Nordseeküste fünf derartige Erholungsanlagen geplant, doch nur auf der Insel Rügen liefen die Baumaßnahmen schließlich an. Das Grundstück dazu wurde im Sommer 1935

Teilsaniert: Block V des Seebads Rügen

vom Fürsten Malte zu Putbus, dem zahlreiche Ländereien auf der Insel gehörten, per Handschlag zur Verfügung gestellt. Später bereute er dies und kämpfte um die Rückübertragung – vergeblich.

Die Grundsteinlegung wurde am 2. Mai 1936 mit großem Programm inszeniert. Hauptredner war Robert Ley, der Reichsorganisationsleiter der Deutschen Arbeitsfront (DAF). Als Einheitsverband der Arbeitnehmer und Arbeitgeber sollte die NS-Organisation vergessen machen, dass das Regime als eine seiner ersten Aktionen am 10. Mai 1933 die freien Gewerkschaften zerschlagen hatte. Im Gegenzug sollten Arbeiter auch in den Genuss von Privilegien kommen, die bislang den vermögenderen Teilen der Bevölkerung vorbehalten waren – zum Beispiel Urlaub am Ostseestrand. Eigens dafür wurde die Organisation »Kraft durch Freude« (KdF) gegründet, die auch in Prora als Bauherr auftrat. Nach den kühnen Plänen sollten bereits ab 1940 erste Unterkünfte für Urlauber bereitstehen. Vorgesehen war, dass das Seebad Rügen 20 000 Menschen gleichzeitig beherbergte – die Geburtsstunde des Massentourismus in Deutschland. Mit Gästeblöcken in einfacher, standardisierter Ausstattung, Gemeinschaftshäusern, zwei Wellenbädern, einem Kino und mehreren Gastronomiebetrieben wollte man der »Volksgemeinschaft« nicht nur ein schönes Urlaubsdomizil zur Verfügung stellen, sondern sie auch im Urlaub unter der Kontrolle des Regimes behalten.

Trostlos: Leerer Flur im Block IV

Wandert man den herrlichen Ostseestrand von Binz in Richtung Sassnitz entlang, steht man nach wenigen Kilometern vor breiten Treppen und hohen Mauern – direkt am Strand. Dabei handelt es sich um die Überreste eines geplanten Kais. Der wurde nie fertiggestellt. Doch

Rechte Seite: Ober- und Unterwelt der nationalsozialistischen Urlaubsanlage

Faszinierend und beängstigend zugleich: Kellerebene des Querriegels Nord

die Wellen arbeiten seitdem unaufhörlich an der Zerstörung der Bauten an der Ostsee. Landeinwärts schließt das Areal des geplanten zentralen Aufmarschplatzes an. Der blieb ebenso unvollendet wie die gesamte Anlage. Denn statt in Badehose und Freizeitkleidung steckte der nationalsozialistische Staat die Bevölkerung in Uniformen, um die Völker Europas zu überfallen.

Nach dem Ausbruch des Zweiten Weltkriegs wurden sämtliche Bauarbeiten am KdF-Seebad eingestellt. Doch der Verlauf des Kriegs sorgte dafür, dass in Prora wieder zu bauen begonnen wurde – nun allerdings nicht mehr an einem Urlaubsdomizil, sondern an einem Ausbildungsstandort für Luftwaffenhelferinnen und einem Lazarett. Den am weitesten fertiggestellten Gebäudeteil widmete man zum Behelfsquartier für ausgebombte Menschen um. Mit Kriegsende wurde auch das einstige NS-Renommierprojekt Opfer von Demontage und Plünderung. Ein

Vorige Doppelseite: Kellergeschoss eines geplanten Gemeinschaftshauses

Großteil des Inventars und der bereits verbauten technischen Ausstattung wurde in Richtung Sowjetunion verschifft.

Nach der Gründung der DDR stellte sich schon bald die Frage, was mit dieser riesigen Ruine geschehen sollte. Neben dem Aufbau eines Verwaltungs- und Wissenschaftsstandorts wurde die Umwidmung zur größten Kasernenanlage in der DDR beschlossen. Wieder wurde das Erholungspotential des Ortes militärischen Interessen geopfert. Dazu waren abermals umfangreiche Aus- und Umbaumaßnahmen notwendig. Erste Gebäudeteile konnten 1956 an die neuen Nutzer – verschiedene militärische Einheiten der Nationalen Volksarmee – übergeben werden. Bis zum Ende der DDR wurden jeweils bis zu 10 000 Soldaten in Prora stationiert und ausgebildet, unter anderem auch welche aus befreundeten Staaten wie Kuba, Kongo oder Jemen. Prora war jedoch auch ein Standort der Bausoldaten. Angehörige dieser Einheit verweigerten aus verschiedenen Gründen den Gebrauch einer Waffe und mussten den Wehrdienst mit ihrer Arbeitskraft – als sogenannte Spatensoldaten – ableisten.

Verlassen: Feriendomizil in Prora

Nach der deutschen Wiedervereinigung 1990 übernahm die Bundeswehr den weitläufigen Komplex. Doch schon zwei Jahre später mussten die maroden Gebäude von der Truppe geräumt werden.

Das ehemalige KdF-Seebad gilt heute mit einer Länge von 4,5 Kilometern als eine der größten architektonischen Hinterlassenschaften des Nationalsozialismus. Ein Gesamtkonzept für eine weitere Nutzung gibt es bislang nicht. Seit einiger Zeit laufen an allen

Mit Sandstrand im Keller: Nie fertiggestelltes Gemeinschaftshaus

Blöcken umfangreiche Umbau- und Sanierungsmaßnahmen. 2011 eröffnete in einem Teil des Blocks V Deutschlands längste Jugendherberge. Daneben informieren am historischen Ort zwei Dokumentations- und Ausstellungszentren über die Geschichte des Komplexes. Doch auch wenn einige Bereiche genutzt werden, überwiegen doch verlassene und marode Bauteile. Der ehemalige Block VI, der von den militärischen Einheiten der NVA als Übungs- und Häuserkampfareal genutzt wurde, ist noch immer abgesperrt und darf nicht betreten werden. Die Kellerebenen dienten nicht etwa, wie teils vermutet wurde, als unterirdische U-Boot-Basis, sondern als Versorgungs- und Lagerbereich der geplanten Gemeinschaftshäuser.

Die Kombination von Strand und Beton ergibt in Prora eine imposante Kulisse. Legenden und Mythen ziehen Fotografen und Abenteurer gleichermaßen in ihren Bann. Die Spuren zahlreicher Erkundungen sind in der Unterwelt zu entdecken. Doch hinter den massiven Fundamenten wartet kein Schatz, sondern nur jede Menge Ostseesand. *MK*

Das Hotel des Scheiterns

Kurhaus Zippendorf

Hotels könnten viel erzählen. Von Liebe und von Betrug. Von Fernweh und von Heimweh. Von Geborgenheit und von Einsamkeit. Doch die Geschichten, die sich hinter ihren Türen abspielen, bleiben geheim. Diskretion ist schließlich ebenso ein Teil des Geschäftsmodells wie guter Service. Ein Hotel ist zwar ein Haus der Begegnung, immer aber auch ein Ort der Anonymität. Die Geschichte eines Hotels selbst ist dagegen oft gut sichtbar. Sie gräbt sich ein in seine Fassade, hinterlässt Spuren an Mobiliar und Ausstattung. Man begegnet ihr auf Bildern und in Erzählungen, spürt sie, wenn man durch die Flure und Säle der großen Häuser streift. Im Falle des Kurhauses Zippendorf ist es eine Geschichte der großen Hoffnungen – und des Scheiterns.

Düsterer Klotz: Das Zippendorfer Kurhotel

In einschlägigen Internetforen wird es gerne als »Ghost Hotel« bezeichnet. Als Ort mit Gruselatmosphäre, eine ideale Kulisse für alle, die sich schon immer mal wie in »Shining« oder »Psycho« fühlen wollten. Respekteinflößend erhebt sich der graue Kasten aus dem Gestrüpp, das einstmals ein Park war. Leere Fensterhöhlen zeigen mehr als deutlich, dass hier schon lange kein Gast mehr abgestiegen ist. Doch der Betrachter entdeckt auch das filigrane Türmchen auf dem Dach, die großzügigen Balkone und das einladende Jugendstilportal – Zeugen einer anderen Epoche, Erinnerungen an die optimistischen Anfangstage des Hauses.

Prachtvolle Stuckdecke

»Kurhaus GmbH« nannte sich die Gesellschaft, die ab 1909 aus Zippendorf bei Schwerin ein »Bad Zippendorf« und somit eine elegante Adresse für wohlhabende Sommerfrischler machen wollte. Schließlich zog der Ort schon seit Mitte des 19. Jahrhunderts vermögende Gäste sogar aus Berlin und Hamburg an. Mit der passenden Infrastruktur hoffte man, einen festen Platz unter den mondänen Seebädern zu finden. Die Ambitionen wurden außerhalb des Ortes zwar etwas belächelt, und auch die »Mecklenburgische Zeitung« schrieb spöttisch über das »Weltbad Zippendorf«, doch die GmbH schuf Fakten: Sie gab den Bau des Kurhotels nebst einer Dependance am Strand in Auftrag. Als Architekt verpflichtete man Paul Korff, der sowohl Guts- und Herrenhäuser als auch Hotels in Waren (Müritz) und Neubrandenburg entworfen hatte. Schon am 1. Juli 1910 wurde die Einweihung gefeiert, und stolz warb man für das »Haus ersten Ranges«, das für seine Gäste diverse Annehmlichkeiten bereithielt: »65 Zimmer und Salons mit Balkons und Loggien« wurden in der Anzeige angepriesen sowie »aller Komfort der Neuzeit: Bäder, Elektrisches Licht, Ruder-, Segel-, Angel- und Lawn-Tennis-Sport. Schöner Strand und herrliche Waldungen.« Mit »Lawn-Tennis« war übrigens Rasentennis gemeint.

Dass das Hotel eine gehobene Gästeschicht ansprechen wollte, erkennt man noch heute. Reste des alten Prunks haben Jahrzehnte der Vernachlässigung und zahlreiche Jahre des Leerstands überdauert. Auch wenn sich die Decke des großen Saals mittlerweile bedrohlich wölbt, prangt an ihr noch üppiger Stuck. Teile davon haben sich allerdings bereits verabschiedet, nur rohe Holzbalken blieben dort zurück. Staub und Brösel des abgefallenen Putzes bedecken überall die Fußböden, doch wenn man den Schutt beiseite wischt, kommen elegant verzierte Bodenfliesen zum Vorschein. Säulen sind kunstvoll und von Hand marmoriert, ebenso die Wände des Treppenhauses. Überhaupt, das Treppenhaus: Bis heute sind es Stufen, auf denen man nicht steigt, sondern schreitet. Nur ein

Vorige Doppelseite: Kunstmarmor und Graffiti in der Eingangshalle

paar Meter entfernt führen die Personaltreppen nach oben – in weitaus schlichterer Form. Gäste und Dienerschaft sollten sich schließlich möglichst nicht begegnen, die Klassengesellschaft des Kaiserreichs spiegelte sich auch hier wider. Unabhängig vom Status konnte man dagegen die größte Attraktion des Hauses genießen: den Blick auf den Schweriner See. Auch wenn die Terrasse längst verfallen und überwuchert ist: Die Aussicht ist unzerstörbar.

Glück brachte die Seenähe dem Hotel dennoch nicht. Schon 1911 ertranken an einem Abend drei Kellner, die im Schweriner See baden wollten – eine Geschichte, die noch heute die Fantasie der »Ghost Hotel«-Fraktion beflügelt. Nachteilig auf den Erfolg des Hotels wirkte sich erst recht der Erste Weltkrieg aus, der den noch zarten Tourismus-Boom in Zippendorf abrupt abbrechen ließ. Dafür pachtete das Artilleriedepot ein paar Zimmer. Unruhig ging es in den Jahren nach dem Krieg weiter: Die Pächter des Hotels wechselten ungefähr so häufig wie die Regierungen der Weimarer Republik. Und auch die neugebaute Straßenbahn brachte dem Haus nicht die erhofften Übernachtungsgäste. 1931 wurde das Objekt zwangsversteigert. Auch für den neuen Inhaber entpuppte es sich nicht als Glücksgriff: Gerade mal zu fünf Prozent soll das Haus ausgelastet gewesen sein.

In den folgenden Jahrzehnten hatte das Hotel zahlreiche Funktionen inne.

Schmucklos: Die Treppe für das Personal

Nur für Schwindelfreie: Das entkernte Dachgeschoss des Kurhauses

Nur zu einem Ort mondänen Kurwesens mit gepflegter Zerstreuung in den Gesellschafts- und Lesezimmern wurde es nie wieder. Auf diverse NS-Organisationen, die in dem Hotel ihre Tagungen abhielten, folgten Flüchtlinge aus dem Sudetenland. 1944 richtete die Luftwaffe ein Lazarett ein, Anfang der 1950er Jahre enteignete die kurz zuvor gegründete DDR die Altbesitzer. Ab 1956 machte der SC Traktor Schwerin das Kurhotel zum Wohnheim und quartierte Boxer, Leichtathleten, Volleyballer und Segler ein. Die letzten Jahre vor der friedlichen Revolution bildete noch das Lederkombinat Schwerin seine Werktätigen mit Blick auf den See weiter, mit dem Ende der DDR endete auch dieses Kapitel.

Dass der Bau seit über zwei Jahrzehnten ungenutzt ist, ist unübersehbar. Ausgeweidet und vermodert, steht er wie ein hohler Zahn am Rande der See-Idylle. Viele Zwischenböden sind verschwunden, ein Großteil der Zimmer kann nur unter Lebensgefahr betreten werden.

Dabei fing es nach dem politischen Wandel der Jahre 1989/90 recht vielversprechend an. Die Treuhandanstalt spendierte sogar noch ein neues Dach. Die strahlend roten Ziegel bilden einen ungewöhnlichen Kontrast zur grauschwarz verschmutzten Fassade. Doch alle weiteren Pläne scheiterten. Ob Internet-Universität, Hotel-Akademie oder Gesundheitshotel – alle Geschichten endeten, bevor sie beginnen konnten. *AS*

Die vergessene Flugzeugschmiede

Flugplatz Schwerin-Görries

In der Landeshauptstadt Schwerin, so herausgeputzt sie sich an vielen Ecken gibt, existieren auch noch wahre Geisterstätten. Eine liegt beispielsweise in bester Lage, direkt am Schlossplatz: die Villa Hammerstein, die bis in die 1930er Jahre ein renommiertes, von einem jüdischen Ärzteehepaar betriebenes Sanatorium war – Albert Einstein und Thomas Mann gehörten zu den Gästen –, in der NS-Zeit von der Gestapo genutzt wurde, dann ein Kinderheim war und seit der Deutschen Einheit einer neuen Verwendung harrt.

Eine der interessantesten Geisterstätten Schwerins ist jedoch in einem Gewerbegebiet knapp drei Kilometer südwestlich zu finden: die Überreste des einstigen Flugplatzes Schwerin-Görries. Bereits ab 1913 wurde hier ein Flugbetrieb durch den Holländer Anthony Fokker aufgebaut – zuerst zu zivilen, seit Beginn des Ersten Weltkriegs dann zu militärischen

Zeugnis deutscher Luftfahrtgeschichte: Flugzeughalle in Schwerin-Görries

Illegaler Autofriedhof: Vormalige Garage der Sowjetarmee

Zwecken, mit Flugschule und Flugzeugwerft. An mehreren Standorten, so am Schweriner See und in der Bornhövedstraße 101, wurden knapp 2000 Flugzeuge gefertigt. Der Flugzeugbau war einst ein wichtiger Industriezweig der Stadt, an den heute nur noch wenige Spuren erinnern. Als der Versailler Vertrag 1919 das einstweilige Ende der Luftfahrt in Deutschland besiegelte, musste auch Fokker sein Werk schließen. Er lagerte einen Teil der Fabrikationsanlagen, 200 Flugzeugrümpfe und 400 Motoren nach Holland aus.

In der Zwischenkriegszeit wurde das Areal zuerst als Notlandeplatz, anschließend als kleiner Verkehrslandeplatz genutzt. Doch kaum waren die Nationalsozialisten an der Macht, erhielt es im Zuge der geheimen Wiederaufrüstung Deutschlands abermals eine militärische Funktion: Der zivile Landeplatz wurde zum Fliegerhorst der deutschen Luftwaffe ausgebaut, der bis Ende des Zweiten Weltkriegs Ausbildungszwecken und als Einsatzflugplatz der fliegenden Streitkraft diente. Erst kurz vor dem Einmarsch US-amerikanischer Verbände, die vom Westen

Hinterlassenschaft der Russen: Kyrillische Inschrift in einem der Hangars

her Mecklenburg vom Nationalsozialismus befreiten, wurde der Platz Ende April 1945 evakuiert. Mit der Aufteilung Deutschlands in vier Besatzungszonen fiel das Gebiet an die Sowjetunion, und die Amerikaner übergaben im Sommer 1945 den Flugplatz der Roten Armee. Ein großer Teil des Areals wurde aufgrund dessen Nähe zur Innenstadt in ein Industrie- und Gewerbegebiet umgewandelt.

Der ehemalige Kasernenkomplex der Luftwaffe fungierte nun als Kasernenstandort der sowjetischen Besatzungstruppen in Deutschland. Erst mit deren Abzug im Jahr 1991 endete die militärische Nutzung des Areals. Nach Abriss weiterer Gebäude blieben zwei Flugzeughallen sowie das ehemalige Gebäude der Flugleitung erhalten – diese stehen nun unter Denkmalschutz und mitten im Hof eines Bauunternehmens, der die Gebäude provisorisch sichert.

Die ehemaligen Flugzeughallen bilden schon durch ihre immense Größe eine interessante Kulisse. Hier und da finden sich Spuren der früheren Nutzer. Deutsche Wandbeschriftungen wie etwa »Rauchen

Idyllische Umgebung: Blick aus dem ehemaligen Kontrollturm

verboten« wechseln mit kyrillischen Texten. Die Hallen dienten einst als wettersichere Abstell- und Wartungsmöglichkeit für die Fluggeräte. An den Außenwänden zeichnen sich noch die Reste der ursprünglichen Anbauten ab. Die Tore sind längst demontiert.

Das zwischen den beiden Flugzeughallen stehende Gebäude beherbergte die Flugleitung und die platzeigene Feuerwehr. Es ist so marode, dass man sich wundert, warum es nicht längst eingestürzt ist. Innen wirkt es wie ausgeweidet. Fenster und Türen fehlen vollständig, die Geländer der Treppenhäuser sind gestohlen, und durch die verwitterten Dächer dringt der Regen ungehindert in die Bauten ein.

Doch die funktionslosen Gebäude üben eine seltsame Anziehungskraft aus. Ab und an dienten sie bereits als Kulisse für Filme, und gelegentlich locken sie moderne Schatzsucher an, die auf dem Gelände nach einem versteckten Geocache suchen.

Wo einst das Rollfeld des Flugplatzes war, türmen sich Berge von Sand auf. Ein Recyclingunternehmen geht hier seiner Arbeit nach. Währenddessen verfallen die Bauten, die zu den ältesten Zeugnissen der Geschichte der deutschen Luftfahrt zählen, mehr und mehr. *MK*

Vorige Doppelseite: Das Feuerwehrgebäude des Flugplatzes

Das Irrenhaus am See

Landesirrenanstalt Domjüch

Sie verstecken sich in einem Wald bei Neustrelitz: die baulichen Hüllen der ehemaligen Mecklenburg-Strelitzschen Landesirrenanstalt Domjüch. Von der Straße nach Fürstensee biegt ein holpriger Weg ab, der zu den denkmalgeschützten Gebäuden führt. Hat man das Zugangstor und das anschließende, teils mit Solaranlagen bebaute Brachland hinter sich gelassen, befindet man sich plötzlich in einer bizarren Ruinenlandschaft: Häuser ohne Fenster und Türen, eingestürzte Dächer, verfallene Gebäudeteile. Hier und da wachsen kleine Bäume aus den Regenrinnen und dem Dachgebälk. Man muss sich vorsehen, nicht in einen der unge-

Mit dunkler Vergangenheit: Anstalt für psychisch Kranke am Domjüchsee

sicherten Zugänge zu den unterirdischen Versorgungstunneln zu stürzen, die einst die einzelnen Trakte miteinander verbanden.

Bereits seit 1805 hatte sich auf dem Areal das »Landarbeits-, Zucht- und Irrenhaus« von Altstrelitz befunden. Erst gegen Ende des 19. Jahrhunderts kam man zu dem Schluss, dass die gemeinsame Unterbringung von Strafgefangenen und psychisch Kranken nicht sachdienlich sei. Während man die Altgebäude weiterhin als Armen- und Zuchthaus nutzte, wurden nach Plänen des Baumeisters Otto Witzeck Neubauten für die Großherzogliche Mecklenburg-Strelitzsche Landesirrenanstalt für psychisch kranke Patienten errichtet. 1902 bezogen 70 Frauen und 60 Männer die idyllisch gelegene Anstalt am Westufer des Domjüchsees. Neben jeweils zwei Bauten für männliche sowie weibliche Patienten existierten ein Krankenhaus, ein Küchen- und ein Verwaltungsgebäude.

Für ein dramatisches Zwischenspiel sorgte der erste Anstaltsleiter und erfolgreiche Mediziner Dr. Carl Serger am 18. Oktober 1913: Er beging im See Suizid, nachdem seine Liaison mit der Oberpflegerin der Anstalt publik wurde und eine Anzeige bei der Ärztekammer drohte. Schlimmer für den Ruf der Einrichtung wurde allerdings, dass sie – seit 1919 umbenannt in »Landesheil- und Pflegeanstalt« – am »Euthanasieprogramm« der Nationalsozialisten beteiligt war. Mit dem menschenverachtenden Ziel, einen »gesunden Volkskörper« zu schaffen, ließ das NS-Regime systematisch Patienten mit geistigen und körperlichen Behinderungen ermorden. Laut den überlieferten Akten verschwanden allein zwischen Juni 1940 und Juni 1941 aus der Anstalt Domjüch etwa 100 Personen. Die meisten wurden vermutlich an andere Orte deportiert, um dort getötet zu werden.

Falle für Besucher: Offener Boden

Vorige Doppelseite: Großer Kessel in einer der Ruinen der Landesirrenanstalt

Heimatkulisse der sowjetischen Armee: Wandbild im Saunabereich

Bedingt durch den Zweiten Weltkrieg, wurde der Komplex 1943 in eine Tuberkuloseheilstätte umgewandelt. Kurz nach Besetzung der ehemaligen Irrenanstalt durch die Rote Armee Ende April 1945 wurde das Anwesen zum Stationierungsort der sowjetischen Besatzungsmacht. Auf dem vorderen Teil des Geländes, das heute mit Solaranlagen bebaut ist, wurden in den 1970er Jahren mehrere Wohnhäuser in Plattenbauweise für die Familien der Offiziere erbaut. Im hinteren Bereich standen Lagergebäude, Garagen und Werkstätten des umfangreichen Fuhrparks der Sowjets. Die nunmehr russischen Streitkräfte verließen im Jahr 1993 die Liegenschaft. Nur hin und wieder besuchen ehemals hier stationierte Soldaten oder deren Kinder noch diesen Standort.

Der Zerfall der historischen Bauten setzte schrittweise ein. Vandalen tobten sich aus, und Schrottdiebe demontierten brauchbare Teile. Die Gebäude, die für die Sowjetarmee rings um die alte Bausubstanz errichtet worden waren, wurden nach deren Abzug nahezu vollständig abgerissen. Einzig ein kleiner Betonbunker im Wald stammt noch als

Sauna und Tauchbecken: Wellnesstempel für die Offiziere der Roten Armee

bauliches Relikt aus dieser Ära. Schreitet man durch die Gebäude der ehemaligen Irrenanstalt, erkennt man gut die Spuren der unterschiedlichen Nutzungszeiten. In zahlreichen Räumen befinden sich an den Wänden sowjetische Zeitungen als Grundierung für die Tapete. Daneben zeugen kyrillische Inschriften an unzähligen Mauern, Bäumen und Innenwänden von den damaligen Bewohnern. Dringt man tiefer ein in die Bauten, erfährt man mehr über deren Leben. Welche Veranstaltungen man den Genossen wohl im Kultursaal geboten hat? Und wie es wohl zuging, wenn einige von ihnen sich in der Banja, der Sauna, getroffen haben?

Das Gelände wird heute vom »Verein zum Erhalt der Domjüch – ehemalige Landesirrenanstalt e.V.« betreut, der für die Sanierung der Bauten eintritt und zahlreiche kulturelle Veranstaltungen organisiert. Mit den Einnahmen sowie mit Spenden werden die Instandsetzungsmaßnahmen finanziert. Die acht historischen Gebäude stehen inzwischen unter Denkmalschutz, doch für die notwendigen umfangreichen Sicherungs- und Sanierungsarbeiten fehlt das Geld. Es gibt Pläne für die Entwicklung des Geländes und die Eröffnung eines Familienferienparks samt angeschlossenem Campingplatz. Sollten sie verwirklicht werden, wäre gewährleistet, dass die düstere Geschichte der Irrenanstalt nicht in Vergessenheit gerät. *MK*

Vorige Doppelseite: Verfallende Anstalt mit wechselvoller Geschichte

Der geheime Rückzugsort der Genossen

Stasi-Bunker bei Crivitz

Zwischen Schwerin und Parchim liegt, versteckt im Waldgelände und in der Nähe des Hotels Waldschlösschen, ein Bunker des ehemaligen Ministeriums für Staatssicherheit der DDR. Das Gelände war als Erholungs- und Ausbildungsstätte des MfS getarnt.

Schon kurz nach der friedlichen Revolution, im Januar 1990, erzwang eine Bürgerinitiative den Auszug der Geheimdienstler und die Übergabe des Objekts an die Nationale Volksarmee. Damals kannte man die Funktion des Gebäudes noch nicht. Mutmaßungen reichten von einem Internierungslager für regimekritische Bürger bis hin zu einer Kommandozentrale für automatisierte Waffensysteme. Doch bei der ersten Begehung kamen die Bürgerrechtler schnell hinter das Geheimnis der Anlage.

Passiert man das Zugangstor zu dem Areal, führt der Weg zunächst

Zufluchtsort der Staatssicherheit: Ein Flur des Bunkers bei Crivitz

an verschiedenen kleineren Bauten vorbei, es folgen eine Baracke, ein Feuerlöschteich, ein Garagenbau sowie weitere eingeschossige Gebäude und mehrere Hundezwinger. In den Häusern fand man allerlei Einrichtungen, die dem Amüsement der Genossen dienten, eine Kellerbar etwa und eine Sauna samt Tauchbecken. Geheimdienstliche Tätigkeiten sind schließlich anstrengend.

Erst spät entdeckt man unterhalb der unscheinbar aussehenden Baracke den versteckt liegenden Bunker. 40 mal 35 Meter misst die Grundfläche. Wie üblich bei einem konspirativen Objekt, war der Eingang verborgen und mehrfach gesichert. Man stößt zunächst auf eine brandhemmende Tür, dann eine Gittertür, schließlich auf eine zweiflügelige Metalltür. Erst dahinter befand sich die eigentliche Drucktür, die den Zugang zum Bunker freigab. Sämtliche Türen waren natürlich nicht nur durch mechanische Schlösser gesichert, sondern zusätzlich durch ein elektronisches Meldesystem.

Mit dem Betreten der unterirdischen Welt hinter diesen Türen offenbart sich auch die tatsächliche Funktion des Gebäudes: Fernschreiber und Telefonapparate auf der einen Seite, Kommandoräume und Unterkünfte auf der anderen Seite. Von hier aus sollte die Arbeit des MfS – genauer gesagt des Krisenstabs des Leiters der Bezirksverwaltung für Staatssicherheit im Bezirk Schwerin – auch im Kriegs- und Krisenfall aufrechterhalten werden.

Zurückgelassen: Zahnpasta und Seife

Das Gebäude ist in den 1970er Jahren als »verbunkerte Ausweichführungsstelle« errichtet worden. Als die DDR zu existieren aufhörte, waren knapp 20 dieser Bunkeranlagen, die Platz für jeweils bis zu 100 Menschen boten, errichtet worden oder befanden sich im Bau. Kosten pro Bunker: bis zu vier Millionen DDR-Mark. Ein stolzer Preis, wenn man bedenkt, dass lediglich ein gewisser Grundschutz für wenige Tage

»Durch diese Türe musst du geh'n«: Hauptschleuse des Bunkers

gewährleistet war. Doch wenn es um die Staatssicherheit ging, spielten die Kosten in der DDR keine große Rolle. Zwei bauähnliche Bunker kann man übrigens im thüringischen Frauenwald und im sächsischen Machern im Rahmen musealer Einrichtungen besichtigen. Hier erfährt man mehr über die Funktion und die Struktur dieser Anlagen.

Die Erkundung der unterirdischen Parallelwelt im Wald bei Crivitz löst noch heute beklemmende Gefühle aus. Das Inventar ist geplündert, zerstört oder marode. Anhand der Türbezeichnungen kann die Funktion der jeweiligen Bereiche abgelesen werden: »Vers.-Punkt« steht für Versorgungspunkt, den Küchenbereich, »N-Fernschreib« für Nachrichten-Fernschreiber, gemeinhin Faxgeräte genannt. Öffnet man Schranktüren, findet man private Hinterlassenschaften der Geheimdienstler. Farbfotos von leichtbekleideten Damen sollten vermutlich von der trostlosen Umgebung ablenken.

In zwei Quergängen, die hinter der eigentlichen Bunkeranlage verlaufen und die Filter- und Belüftungstechnik beherbergten, stößt man

50

Heizung

Geheimdienstler sorgen für Ordnung: Geschirrrückgabe im Küchentrakt

auf zwei Fahrradgestelle. Sie zeugen nicht etwa vom sportlichen Eifer der MfS-Mitarbeiter. Vielmehr sollte mit ihrer Hilfe aus Muskelkraft Strom erzeugt werden, falls die elektrische Stromversorgung ausfiel. Zwar verfügte der Bunker auch über eigene Notstromgeneratoren und einen Vorrat von 5000 Liter Dieseltreibstoff – wäre dieser Vorrat jedoch erschöpft gewesen, hätten die Genossen strampeln müssen.

Auch im Sanitärbereich hatte man an alles gedacht. Beim Ausfall des Abwassersystems etwa hätten Komposttoiletten mit Torf zur Verfügung gestanden. Und wären die Geheimdienstler mit biologischen oder chemischen Kampfstoffen in Berührung gekommen, dann hätten sie spezielle – und heute recht skurril wirkende – Duschen für die Dekontamination benutzen können.

Glücklicherweise trat nie der Ernstfall ein, in dem der Stasi-Bunker bei Crivitz seine Funktionstüchtigkeit hätte beweisen müssen. Heute erinnert er nur noch an jene Zeiten, da die DDR-Staatsschützer besonderen Schutz genossen.

MK

Vorige Doppelseite: Stromerzeugung durch Muskelkraft im Stasi-Bunker

Das Testgebiet des Grauens

Erprobungsstelle Rechlin

Den über 300 Quadratkilometer großen Müritz-Nationalpark kennen wir vor allem als Naturidylle: Hier kann man besondere Pflanzen finden und seltene Tiere wie See- und Fischadler noch in freier Natur beobachten. Indes erschließt sich die militärische Vergangenheit des größten terrestrischen Nationalparks in Deutschland nicht auf den ersten Blick. Und doch sind deren Spuren noch zahlreich vorhanden. Denn weite Teile des Gebiets wurden in der DDR-Zeit als Truppenübungsplatz der sowjetischen Besatzungsmacht genutzt. Zuvor hatte das nationalsozialistische Deutschland hier das wichtigste Versuchs- und Entwicklungsareal der Luftwaffe unterhalten.

In Rechlin am Südufer der Müritz wurde bereits im Ersten Weltkrieg eine Flieger-Versuchs- und Lehranstalt eingerichtet. Doch kaum hatten im Oktober 1918 erste Tests mit einem neuen Jagdflugzeug stattgefunden, mussten die Anlagen wieder demontiert werden: Nach der Kriegsniederlage wurde Deutschland im Versailler Vertrag von 1919 verpflichtet, künftig keine Luftwaffe mehr zu unterhalten. Lange währte die militärische Enthaltsamkeit jedoch nicht. Der Vertrag von Rapallo von 1922 ermöglichte es Deutschland, im russischen Lipezk einen geheimen Flugplatz zu betreiben. Als 1925 die Bestimmungen des Versailler Vertrags gelockert wurden, wurde in Deutschland selbst mit dem Aufbau einer zentralen Erprobungsstelle für Luftfahrzeuge begonnen: in Rechlin.

Inmitten der Müritz-Idylle: Wachgebäude

Relikt des nationalsozialistischen Testgebiets: Gesprengter Bunker bei Lärz

Bestand die Erprobungsstelle zunächst lediglich aus drei Flughallen und einem Wohnhaus, bauten die Nationalsozialisten nach ihrer Machtübernahme 1933 im Zuge der heimlichen Wiederaufrüstung die Anlage zum wichtigsten Entwicklungszentrum der – bis 1935 noch heimlich unterhaltenen – Luftwaffe aus. Das genutzte Areal erstreckte sich auf zahlreiche Liegenschaften im Umkreis Rechlins und umfasste unter anderem mehrere Flugplätze mit unterschiedlichen Ausstattungen, Werkstätten, Labore, Garagen und Kasernenbauten.

Die Erprobungsstelle, an der zeitweilig über 1000 Wissenschaftler, Mechaniker und weitere Arbeitskräfte beschäftigt waren, hatte die Aufgabe, alle bestehenden Flugzeugtypen, ihre Motoren, Triebwerke und sonstigen Bauteile zu überprüfen und gegebenenfalls zu optimieren sowie neue Typen zu entwickeln. Daneben gehörten auch Waffentests zum Profil dieser Einrichtung. Mehrere Bombenabwurfplätze sowie

Vorige Doppelseite: Zurückgelassene Militärfahrzeuge im Wald bei Rechlin

Marode: Ehemalige Kaserne im Müritz-Nationalpark

verschiedene Testumgebungen wie etwa eine kurze Autobahnstrecke, Stromtrassen oder Bunkeranlagen unterschiedlichen Bautyps dienten der Imitation verschiedener Kampfszenarien. Die brutale Kriegsmaschinerie des nationalsozialistischen Deutschland wurde nicht zuletzt in Rechlin erprobt. Der zentralen Erprobungsstelle der Luftwaffe waren deutschlandweit mehrere Zweigstandorte unterstellt, so an der Ostseeküste in Travemünde und Boltenhagen.

Wurden zunächst nur deutsche Flugzeugtypen getestet, folgte mit den Überfällen der Wehrmacht auf verschiedene Länder Europas auch die Analyse von Beuteflugzeugen. Mit zunehmender Kriegsdauer wurden die Ideen der Rechliner Entwickler immer absurder. So ersannen sie das sogenannte Mistel-Gespann: Ein größeres Flugzeug wurde auf ein kleineres gespannt und wie eine Bombe auf ein Ziel gelenkt, bevor sich der Pilot mit der kleineren Maschine in Sicherheit bringen konnte. Zahlreiche Brücken an der Oder wurden mit dieser Technik zerstört. Auch die »V1« wurde in Rechlin erprobt. Der erste Marschflugkörper der Welt wurde von den nationalsozialistischen Machthabern als »Wunderwaffe« gepriesen, brachte jedoch letztlich nicht den erwarteten Erfolg. Bei der unmenschlichen Produktion in unterirdischen Stollen und Bunkern verloren zahlreiche Menschen ihr Leben. Die in wenigen Stückzahlen gefertigte bemannte Version (Reichenberg-Gerät) sollte als Kamikaze-Waffe zum Einsatz kommen.

Rauchen verboten: Kasernendachgeschoss

Gemäß den Bestimmungen des Alliierten Kontrollrats wurden nach Ende des Zweiten Weltkriegs, dessen Ausgang durch diese Erfindungen glücklicherweise nicht mehr beeinflusst werden konnte, die Rechliner Anlagen weitestgehend gesprengt. Geblieben ist von der einstigen Erprobungsstelle der Luftwaffe eine Trümmerlandschaft. Weil von dem Areal zahlreiche Gefahren für Leben und Gesundheit ausgehen, ist es weiterhin als Sperrgebiet ausgewiesen und darf nicht betreten werden.

Weniger gefährlich geht es in jenen Gebäuden zu, die, vornehmlich im Bereich zwischen Rechlin-Nord und Rechlin als auch in Lärz, nach Kriegsende von den sowjetischen Besatzungstruppen weitergenutzt wurden. Auf dem Weg von Rechlin-Nord nach Rechlin fallen rechter Hand imposante Klinkerbauten auf. In den ehemaligen Kasernen scheint die Zeit mit dem Abzug der russischen Streitkräfte stehengeblieben zu sein. Sowjetische Zeitungen, kyrillische Inschriften an Türen, Wänden, aber auch an Bäumen in der näheren Umgebung erinnern an die sowjetische Besatzungsmacht, die bis 1993 in Rechlin eine Garnison und den Flugplatz in Lärz unterhielt.

Wer der dunklen Vorgeschichte des Müritz-Nationalparks nachspüren möchte, sollte um das Rechliner Trümmergelände einen weiten Bogen machen und lieber einem der beiden Museen einen Besuch abstatten, die über das einstige Grauen hinter der Idylle informieren. *MK*

Die schwedischen Platten vom Bodden

Faserplattenwerk Ribnitz-Damgarten

Sie sind der Inbegriff des klassenlosen Möbelstücks. In Studenten-WGs gehören sie ebenso zum Standardrepertoire wie in den Eigenheimen der gehobenen Mittelschicht. Selbst in Helmut Schmidts Hamburger Domizil waberte der Qualm der Mentholzigaretten jahrzehntelang um die Billy-Regale von Ikea. Der Siegeszug der puristisch gestalteten Möbel war gleichzeitig ein Triumph modernen schwedischen Designs über die eichenselige Gemütlichkeit bundesdeutscher Einrichtungshäuser. Doch in Wahrheit war es die DDR, die über den schwedischen Umweg ihren Einzug in die westdeutsche Alltagskultur feierte. Denn die günstigen Möbel kamen aus dem Osten – unter anderem aus dem Möbelkombinat Ribnitz-Damgarten. Während in den Plattenbauten des Arbeiter- und Bauernstaates die Wohnwand vom Typ »Karat« als Inbegriff neuzeitlicher Wohnkultur galt, fertigte man für den Export und die Devisenbeschaffung modische Spanplattenmöbel. Die DDR wurde so in doppelter Hinsicht zum Land der Platten: Die Arbeiter wohnten in Platten – und im Kombinat fertigten sie Platten.

Ohne Menschen: Das Faserplattenwerk

Zwischen Rostock und Stralsund galt das Ribnitzer Faserplatten- und Möbelkombinat als größter Industriebetrieb. Seine einstige Bedeutung ist bis heute unverkennbar. Schon von Weitem sieht man den hohen Kamin, der aus der flachen Landschaft am Saaler Bodden herausragt und eine Landmarke im doppelten Sinn ist: Er erinnert an die Planwirtschaft, die auch in abgelegenen Regionen industrielle Arbeitsplätze schaffen wollte, und an die rasante Deindustrialisierung in den Jahren nach der Wiedervereinigung.

Durch ein offenes Tor betritt man das Fabrikgelände, irrt einsam über weite Wege und über riesige, mit Betonplatten belegte Flächen, auf denen nichts mehr passiert. Der Blick streift über hohe Hallen, zerfallene Bürogebäude und eine mächtige Rampe. Pionierpflanzen sprießen aus Betonritzen. Nur Menschen sieht man hier keine. Der Wind aus Richtung Ostsee sorgt in den leeren Fabriken für unheimliche Klangerlebnisse: Hier klappert ein Stück Fassadenblech, dort schlägt eine Tür zu, deren Klinke schon lange kein Arbeiter mehr in die Hand genommen hat. Die Leere überwältigt und beängstigt.

Während in anderen Teilen Deutschlands noch munter Wiesen und Felder für neue Gewerbegebiete versiegelt werden, liegt in Ribnitz-Damgarten eine gigantische Fläche brach – eine Fläche, die auch schon vor der DDR-Zeit industriell genutzt wurde: Seit 1933 hatte sich hier die Walther-Bachmann-Flugzeugbau KG niedergelassen. Die Firma profitierte von der Aufrüstungspolitik des NS-Regimes: Schon nach wenigen Jahren wurde aus dem kleinen Unternehmen der Reparaturstammbetrieb für die Heinkel He 111, den Standardbomber der deutschen Luftwaffe.

Ohne Maschinen: Die Hallen der Fabrik sind ausgeschlachtet

Dass das Werk nach Kriegsende von den Sowjets umgehend demontiert wurde, überrascht nicht.

Ab 1953 wurde Ribnitz-Damgarten zum Schauplatz eines großen Aufbauprojekts: Auf dem Areal des einstigen Flugzeugwerks wurde am 4. Dezember der Grundstein für das Faserplattenwerk gelegt. Wo die Nationalsozialisten einst ihr Kriegsgerät gewartet hatten, sollte nun am Aufbau der sozialistischen Republik gearbeitet werden – mit Faserplatten für den Wohnungsbau. Da in der kargen Landschaft am Bodden kaum Bäume wuchsen, setzte man zunächst auf Rapsstroh als nachwachsenden Rohstoff. 1955 begann die Produktion, und 1957 arbeiteten bereits über 400 Arbeiter in der Fabrik. Werkswohnungen sowie ein Betriebskindergarten entstanden, und im Vierschichtbetrieb wurden jährlich 6500 Kubikmeter Platten hergestellt. 1965 stieg man dann doch auf Holz als Rohstoff um, wodurch sich die Produktion auf über 22 000 Kubikmeter vervielfachte. 1972 schließlich begann in Ribnitz-Damgarten die Herstellung der hochwertigeren mitteldichten Faserplatte – in Fachkreisen auch als MDF-Platte bekannt. In Bezug auf Spanplatten hatte die DDR damit das vielbeschworene Weltniveau erreicht. Spätestens jetzt war die Zeit reif, um auch in die Anfertigung von Endprodukten einzusteigen: Zum Faserplattenwerk kam das Möbelkombinat. So viel Aufbauwille sprach sich bis in die Hauptstadt der DDR herum. Das Kollektiv des Werkes wurde mit dem »Banner der Arbeit« und sogar mit dem Karl-Marx-Orden ausgezeichnet – der höchsten Auszeichnung der DDR, die auch so illustren Persönlichkeiten wie Erich Mielke, Nicolae Ceauşescu oder Günter Schabowski ans Revers geheftet wurde. Dass das Wasser des Boddens mittlerweile eine Kloake war, wurde bei den Feierlichkeiten vermutlich nicht thematisiert.

Ohne Arbeit: Die frühere Werkhalle

Heute ist das Wasser des Boddens wieder sauber. Der einstige Haupt-

verschmutzer gibt seit 1996 keine Abwässer mehr von sich. Alles, was Dreck machen konnte, wurde entfernt. Keine Maschine in den leeren Hallen erinnert heutzutage mehr daran, dass hier einmal das industrielle Herz der Region schlug. Nur ein paar skurril verformte Rohre sind übrig geblieben. Wie die verrenkten Gliedmaßen eines verendeten Rieseninsekts ragen sie in die lichtdurchflutete Halle.

Als die letzten Maschinen abgeschaltet wurden, endete nicht nur ein Stück Industriegeschichte, auch ein Wirtschaftsskandal der Nachwendezeit wurde abgeschlossen. Seine Bilanz: Hunderte Arbeitslose und Millionen an versickerten Subventionen. 1991 hatte der Hamburger Kaufmann Eduard Kynder den Betrieb von der Treuhand erworben. Eine symbolische Mark musste er für den größten Spanplattenhersteller Europas hinlegen. Aus dem VEB mit zuletzt über 1700 Mitarbeitern wurde die »Bestwood GmbH«, die mit einer auf 500 Köpfe geschrumpften Belegschaft den Neustart wagte. Land, Bund und Treuhand unterstützten das Projekt mit 276 Millionen Mark, auf die Beine kam das Werk aber nie. Obwohl das Land als Hauptgesellschafter einstieg und Spötter schon vom »VEB Bestwood« sprachen, war die Insolvenz nicht mehr aufzuhalten. Die Gerichte befassten sich mit Subventionsbetrug, vor allem aber war das Unternehmen nicht mehr konkurrenzfähig. Faserplatten wurden anderswo längst deutlich billiger hergestellt. Fast ein Jahr lang besetzten die Arbeiter noch den aufgegebenen Betrieb. Am 21. Juni 1997 löschten sie ihre Mahnfeuer.

Stillgelegt: Brücke mit Schrägaufzug

Wer in Ribnitz-Damgarten heute günstige Möbel aus Spanplatten sucht, muss rund 40 Kilometer fahren: Die nächste Ikea-Filiale befindet sich in Rostock. *AS*

Vorige Doppelseite: Vom Maschinenpark blieben nur ein paar Rohre zurück

Die Kanoniere am Salzhaff

Flakartillerieschule in Rerik

Die mecklenburgische Ostseeküste ist heute nicht nur gesäumt von zahlreichen Seebädern mit ihren feinsandigen Stränden. Bereist man die Küstenlinie nördlich von Wismar, stößt man auf so manche Hinterlassenschaft des Zweiten Weltkriegs. So ist unweit der Hansestadt, in der kleinen Bucht vor Redentin, in den 1960er Jahren ein Betonschiff auf Grund gelaufen, welches aus Wismar in den kleinen Hafen geschleppt werden sollte. Schiffswracks, deren Hülle aus Stahlbeton besteht, sind entlang der gesamten Ostseeküste zu finden. Dass Schiffe aus Beton wirklich schwimmen können, klingt erst einmal paradox – doch der Mangel an Rohstoffen brachte im Verlauf des Kriegs so manche kuriose Erfindung hervor.

Ohne Nachnutzer: Ehemalige Wohngebäude auf dem Reriker Militärareal

Provisorische Fenstersicherung: Informationstafeln der Roten Armee

15 Kilometer nördlich davon erreicht man das Salzhaff. Bei der Halbinsel, die nun ins Blickfeld gerät, handelt es sich um Wustrow. Wie auch die Halbinsel Bug auf Rügen sind ganze Areale entlang der Ostseeküste durch die Nationalsozialisten zu Sperrgebieten erklärt und zu militärischen Ausbildungs- oder Forschungszentren ausgebaut worden. Dieses Schicksal ereilte auch die etwa zehn Quadratkilometer große Halbinsel, die zur Stadt Rerik gehört und nur über eine schmale Landzunge mit dem Festland verbunden ist. Bis zum 19. Jahrhundert wurde Wustrow lediglich forst- und landwirtschaftlich genutzt. 1932 an die Wehrmacht verkauft, wurde die Halbinsel ab 1933 zum Standort von Deutschlands größter Flakartillerieschule ausgebaut. Die sogenannte FAS I gehörte in der NS-Zeit zu den mehr als 50 militärischen Standorten entlang der mecklenburgischen und pommerschen Küstenlinie.

Flugabwehrkanonen, kurz Flaks, waren bereits im Ersten Weltkrieg zur Abwehr gegen Flugzeuge eingesetzt worden. In Vorbereitung eines nächsten Kriegs wurde in Deutschland die Weiterentwicklung der Flakartillerie vorangetrieben. Nach der Fertigstellung der FAS I wurden hier Wehrmachtsangehörige in mehrwöchigen Lehrgängen an der Flak ausgebildet. Zudem wurden in Rerik neuentwickelte Geschütze erprobt. Zur Anlage gehörte auch ein eigener Fliegerhorst. Die Einrichtung war für die Nationalsozialisten so bedeutend, dass sie wiederholt von hochrangigen Repräsentanten des Regimes besucht und beispielsweise auch dem italienischen Faschistenführer Benito Mussolini präsentiert wurde.

Nachdem der weiträumige Komplex am 2. Mai 1945 kampflos von der Roten Armee eingenommen worden war, bestimmte der Alliierte Kontrollrat die Sprengung und den Rückbau aller militärischen Bauten in Deutschland. Doch schon bald begannen die sowjetischen Truppen, Wustrow für eigene Zwecke zu nutzen. Bis zum Abzug der russischen Streitkräfte 1994 waren hier mehrere Zehntausend Soldaten unterschiedlicher militärischer Einheiten stationiert.

Nach dem Abzug der Besatzungsmacht fiel das Gelände in eine Art Dornröschenschlaf. Ein Tor samt Wachgebäude verwehrt seitdem ungebetenen Besuchern den Zugang. Nachdem sich die Natur die meisten Ecken Wustrows zurückerobert hat, bietet sich eine ungewöhnliche Kulisse. Während der westliche Teil der Halbinsel Naturschutzgebiet ist, stehen am nördlichen Ende noch unzählige Gebäude, meist umgeben von Wald. Eingeworfene oder geborstene Fenster und fehlende Türen nagen an der Substanz dieser Bauten. Erkundet man vorsichtig das Innere der Häuser, findet man an zahlreichen Stellen Hinterlassenschaften der Russen. Alte Bücher und Magazine, vergessene Briefe und andere persönliche Relikte kommen vielerorts zum Vorschein. Propaganda- und Informationstafeln werben noch Jahre nach dem Zusammenbruch der UdSSR für den Kommunis-

Vergessen: Sportgeräte in der Turnhalle

Der Zahn der Zeit: Die ehemaligen Kasernen verfallen langsam, aber sicher

mus. Beeindruckend sind zudem die noch erhaltenen, oft großflächigen Wandbilder. Kinderfiguren verraten, dass sich hier einst eine Schule, ein Kindergarten oder eine Krankenstation für die Sprösslinge befanden. Ehemalige Gemeinschaftsräume zeigen Bilder von Naturlandschaften aus der Heimat, während dort, wo die Ausbildung stattfand, historische Kampfhandlungen oder modernes Kriegsgerät dargestellt sind.

Um die meist meterlangen Bilder namentlich nicht bekannter Künstler zu bewahren, müssten sie geschützt werden. Doch solange sich Eigentümer und Gemeinde um Baugenehmigungen und Nutzungspläne streiten, erfreuen sich lediglich die Tier- und Pflanzenwelt, die Mitarbeiter der Natur- und Forstbehörden sowie manch ein mutiger Abenteurer der Halbinsel Wustrow. Wer eine ganz legale und dennoch höchst interessante Inselführung erleben möchte: In der Saison werden ab Rerik Schiffstouren rund um die Halbinsel angeboten. *MK*

Vorige Doppelseite: Unterhaltsam war das Leben der Sowjetsoldaten selten

Die Stätte der traurigen Kinder

Kinderheim in Zinnowitz

Der Park wurde zuerst verschlungen: die Wege und die Bänke, die kleinen Plätzchen und die zierlichen Lauben. Dann war die Freitreppe des Hauptgebäudes an der Reihe. Mittlerweile ranken sie an der Fassade, umhüllen Stuck und Stein, winden sich um einen zierlichen Portikus – Efeu, Knöterich und all die Rebengewächse, die zum Leidwesen der Gärtner immer dort am besten gedeihen, wo man sie eigentlich nicht haben will. Langsam, aber sicher machen die Pflanzen das Haus zum verwunschenen Märchenschloss. Dornröschen lässt grüßen. Doch in den leeren Kammern, Sälen und Fluren schläft keine Prinzessin. Folglich gibt es auch keinen Prinz, der sie wachküssen könnte. Und der auch das einstige Kindersanatorium Erich Steinfurth befreien könnte: vom Wildwuchs der Pflanzen – und von der Last der Geschichte.

Überwucherte Pracht: Das Portal des Heims

Kindersanatorium Erich Steinfurth – diesen Namen trug die Einrichtung von 1958 bis 1989. Namensgeber war ein preußischer KPD-Landtagsabgeordneter. Der gelernte Schlosser und Eisenbahner wurde schon kurz nach der Machtübernahme durch die Nationalsozialisten verhaftet und 1934 von der Gestapo erschossen. Zur Zeit der DDR wurden Straßen, Plätze, ein Eisenbahnbauregiment, ein Berliner Eisenbahner-Klubhaus nach ihm benannt – und eben das Heim in Zinnowitz. Aus der ganzen DDR schickten Ärzte Kinder dorthin. In der sauberen Ostseeluft sollten vor allem Atemwegserkrankungen wie Krupp oder Asth-

Oi!

Menschenleer: Die letzte Veranstaltung im Saal liegt schon lange zurück

ma kuriert werden. Mit Höhensonnen, Solekammern, Heilbädern und Inhalationsgeräten kämpfte man gegen Krankheitsbilder, die im Land der Braunkohle besonders häufig auftraten.

Therapiert wurde in Räumen, die bis heute ein großbürgerliches Ambiente ausstrahlen. Aufwendig geschnitzte Holzverkleidungen in den Speisesälen, ein prächtiger Theatersaal, großzügige Treppenhäuser, weitläufige Wandelgänge – es mischen sich Neobarock, Neoklassizismus und die Reformarchitektur der 1920er Jahre. Denn gebaut wurden die Häuser nicht für kranke Arbeiterkinder, sondern für betuchte Bürger, die auf Usedom die Sommerfrische am weißen Ostseestrand genießen wollten. Als Hotel »Belvedere« öffneten bereits 1875 die ersten Gebäude auf dem parkähnlichen Grundstück ihre reichverzierten Pforten. Sozialen Zwecken dienten sie allerdings schon lange vor Gründung der DDR: Bereits 1907 wurde das Hotel an die Arbeiter-Pensionskasse verkauft, 1927 übernahm es die »Milde Stiftung« der Reichsbahn und richtete dort ein Waisenheim für elternlose Kinder von Eisenbahnern ein. Nach Ende des Zweiten Weltkriegs wurde das Heim zur Quarantänestation für Flüchtlinge – »Seuchenkrankenhaus« wurde es da noch ungeschönt

Vorige Doppelseite: Im Speisesaal hat nur ein Teil der Spiegel überlebt

genannt. 1949 wurde das Heim zum Pionierlager, ab 1958 dann zum Kinderkurheim »Erich Steinfurth«.

Wo in den Gründerjahren noch Badegäste im Luxus schwelgten, zog nun realsozialistische Zweckmäßigkeit ein. Alte Postkarten aus der DDR-Zeit zeigen eng aneinander gestellte Betten in einst üppigen Suiten, gruselig gemusterte Tapeten bedecken die Wände, die Farben will man sich gar nicht vorstellen – Schwarzweißfotografie kann manchmal ein wahrer Segen sein. Mit historischer Bausubstanz pflegte die DDR bekanntlich einen eher zwanglosen Umgang. Auf den liebevoll gedrechselten Treppengeländern und Stuckverzierungen kleben heute noch dicke Schichten von Ölfarbe. Eine muschelgekrönte Wandnische im Stil der Neorenaissance ist mit quietschgelbem Lack ausgemalt. Immerhin: Die Originalsubstanz aus dem Kaiserreich ist noch vorhanden. In der Bundesrepublik wäre sie vermutlich spätestens in den 1970er Jahren durch Kunststoff, Gipskarton sowie Nut-und-Feder-Bretter ersetzt worden.

Opulent: Treppe aus Grand-Hotel-Zeiten

Für die Kinder im Erich-Steinfurth-Heim waren Fragen des Baustils freilich unbedeutend. In ihren Erinnerungen an den Heimaufenthalt kommen ganz andere Dinge zur Sprache. Im Internet äußert sich so mancher ehemalige Patient. Einige berichten von schönen Erholungswochen, liebevollen Betreuerinnen und guter Verpflegung. Doch die negativen Aussagen überwiegen. »Es war die schlimmste Zeit meines Lebens«, heißt es in einem Bericht. »Kinder, die nicht artig waren, durften den ganzen Tag nicht auf Toilette gehen. Wenn sie dann eingepullert hatten, wurden sie nackt ausgezogen, in den Waschkeller, der aussah wie eine Gaskammer, gebracht, kalt abgeduscht und mit einem Besen geschrubbt.« Ein anderer früherer Patient schreibt: »Für mich als Kind war es damals die absolute Hölle. Die Erzieher waren furchtbar streng, Schläge waren nicht selten, und ein sehr rauer Ton war an der Tagesordnung.«

Das Lachen der Kinder, die den Aufenthalt genossen, ist heute ebenso verstummt wie das Weinen derer, die das Heim mit traumatischen Erinnerungen verbinden. Ruhe herrscht in den vergessenen Räumen, Spuren der Vergangenheit gibt es wenig. Im Speisesaal hängt noch eine Tafel mit mysteriösen Kürzeln: Ge G4 J5 J6. Wurde hier bekanntgegeben, wer wann Spüldienst hatte? Oder in welcher Reihenfolge die verschiedenen Stationen zum Essenfassen antreten sollten?

Ohne Glas: Auch die Brücke verfällt langsam

Seit 1991 wird hier kein Essen mehr ausgegeben. Unmittelbar nach der friedlichen Revolution begann die Abwicklung, zwei Jahre später wurde das Heim endgültig geschlossen und an eine Sozialstiftung der Bahn übertragen, die die Liegenschaft umgehend verkaufte. Die neuen Besitzer planten abwechselnd ein Hotel und eine Seniorenresidenz – entstanden ist keines davon.

Nur ein paar Schritte entfernt prägen restaurierte Strandvillen und schmucke Hotels das heutige Bild von Zinnowitz. Neben dem zerfallenden Kulturhaus direkt am Park ist das vergessene Heim die zweite Geisterstätte, die so gar nicht ins Bild des aufstrebenden Seebads passt. In einschlägigen Foren tauschen sich selbsternannte Geisterexperten über paranormale Phänomene hinter den bröselnden Mauern aus. Geschichten von gequälten Kindern und sadistischen Schwestern beflügeln ihre Fantasien. Doch im früheren Kinderheim Erich Steinfurth haben keine Geister die Macht übernommen – nur die Kräfte der Natur. *AS*

Das Geheimnis hinter dem Gewerbepark

Fliegerhorst Hagenow

Es erinnert nicht mehr viel daran, dass in Hagenow einst ein militärischer Flugplatz unterhalten wurde. Doch im heutigen Gewerbegebiet an der Bundesstraße 321 in Richtung Autobahn findet man das, was von ihm übrig geblieben ist. Die Spurensuche beginnt man am besten in der Sudenhofer Straße. Bei der großen betonierten Fläche wenige Hundert Meter nach der Tankstelle handelt es sich nicht etwa um einen Parkplatz für die zahlreichen Lieferfahrzeuge, die hier das Bild bestimmen, sondern um das Fundament einer ehemaligen Flugzeughalle. Folgt man nun den alten betonierten Wegen, gelangt man in ein kleines Wäldchen, und durch die Bäume erkennt man schon bald die Umrisse eines imposanten historischen Gebäudes: des einstigen Unterkunftstrakts des Hagenower Wehrmachtsfliegerhorstes.

Nach dem verlorenen Ersten Weltkrieg verbot der Versailler Vertrag

Eine der längsten Ruinen im Land: Die Kaserne des Fliegerhorstes Hagenow

Ein- und Absturzgefahr: Der Eingangsbereich des Unterkunftstrakts

1919 Deutschland den Wiederaufbau von Luftstreitkräften. Doch das nationalsozialistische Regime betrieb ab 1933 eine zunächst verdeckte Aufrüstung. Segelflugschulen und Tarnfirmen wie der Deutsche Flugwetterdienst waren offiziell zivile Einrichtungen, dienten in Wirklichkeit aber der Vorbereitung für die spätere Wiederaufrüstung. Die Sowjetunion unterstützte das völkerrechtswidrige Vorgehen Deutschlands: Bei Lipezk unterhielt die Reichswehr einen geheimen Flugplatz, auf dem bereits seit 1926 Piloten ausgebildet wurden. Seit der Gründung der deutschen Luftwaffe 1935 wurde dann offen dem Versailler Vertrag zuwidergehandelt. Unter anderem wurden nun überall im Land für die Luftwaffe sogenannte Fliegerhorste errichtet, so auch in der mecklenburgischen Stadt Hagenow.

Wie ähnliche militärische Einrichtungen bestand auch der Hagenower Fliegerhorst aus dem eigentlichen Flugfeld mit imposanten Flugzeughallen und einer Werft, die für die Instandsetzung der Luftfahrzeuge genutzt wurde, einem Garagen- und Technikpark sowie einem Kasernenteil für die Unterbringung des Personals, die Versorgung und die theoretische Ausbildung. Die 1938 fertiggestellte sichelförmige Kaserne mit einer Länge von 500 Metern ist noch heute beeindruckend.

Der Fliegerhorst, der in der NS-Zeit keine bedeutende militärische Rolle spielte, wurde in den letzten Wochen des Zweiten Weltkriegs von US-amerikanischen Einheiten besetzt und ab Sommer 1945 an die Rote Armee übergeben. Die Sowjets rissen in den folgenden Jahren zahlreiche Gebäude ab und widmeten die Liegenschaft zur Garnison um. Bis zum Abzug der russischen Streitkräfte 1992 war das Gelände Sperrgebiet und durfte von der Bevölkerung nicht betreten werden. Nach Ende der militärischen Nutzung war der Rückbau weiterer Gebäude besiegelt. Lediglich das sichelförmige Unterkunfts- und Funktionsgebäude sowie der ehemalige Fernmeldepunkt sind noch vorhanden.

Während der zentrale Teil der einstigen Kaserne noch begehbar ist, sind das nördliche und das südliche Ende des Baus großteils bereits eingestürzt. Auf die mit der maroden Substanz verbundenen Gefahren wird auf zahlreichen Schildern hingewiesen. Doch die Ruine zieht wieder und wieder Besucher an. Wo das Dachgebälk nicht eingestürzt am Boden liegt, kann man das Gebäude betreten. Vorsichtig wandert das Licht der Taschenlampe durch die langen, geschwungenen zentralen Flure. Wassertropfen fallen von der Decke, der Wind weht durch den gespenstisch wirkenden Bau. Die Fenster und Türen wurden allesamt entfernt. Es bleibt ungewiss, ob sie von den letzten Bewohnern einfach mitgenommen oder später von Trophäensammlern gestohlen wurden.

Ungewöhnlich: Stehtoiletten in der Kaserne

Im Keller befinden sich zahlreiche Hinterlassenschaften der Sowjetarmee: leere Konservendosen, alte Propaganda- und Schulungstafeln und jede Menge Müll. Auch hier lauern zahlreiche Gefahren. Wer unge-

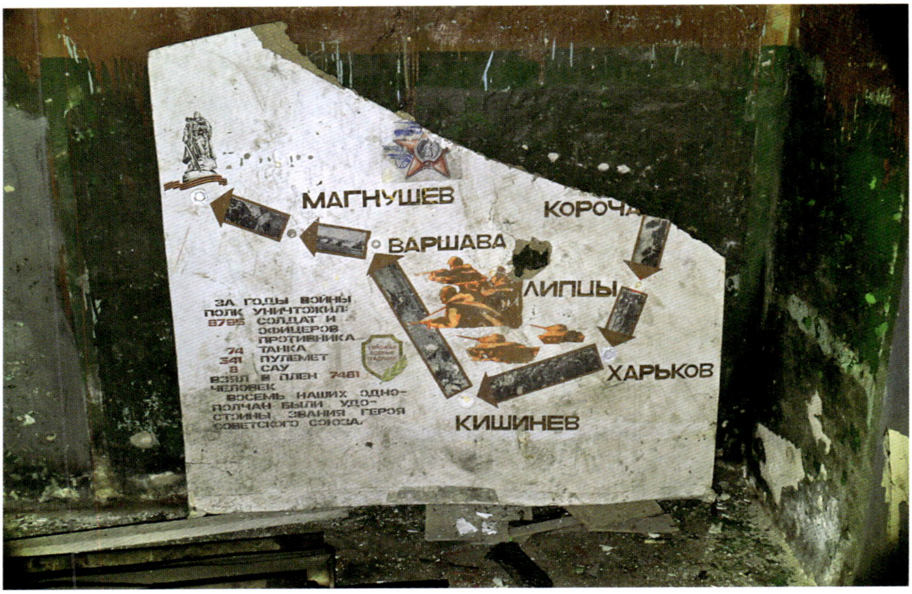

Geschichtsstunde: Die Marschroute der Roten Armee nach Berlin

sicherte Kabel- und Versorgungsschächte ignoriert, muss damit rechnen, dass die Erkundung des Relikts des Hagenower Flugplatzes sein letztes Abenteuer gewesen sein wird.

Manch ein Besucher wird kurz innehalten und sich vor Augen führen, wie die Sowjetsoldaten im sogenannten Bruderland lebten. Die von der DDR propagierte »Deutsch-Sowjetische Freundschaft« endete in der Regel für beide Parteien am Kasernentor. Misshandlungen und Folter innerhalb der Truppe waren an der Tagesordnung. Länger dienende Angehörige der Armee drangsalierten die sogenannten Frischlinge, wo und wie sie nur konnten. Auch sprachliche Barrieren zwischen den einzelnen Ethnien des Vielvölkerstaats prägten den Alltag der über zehn Millionen Sowjetsoldaten in der DDR.

Viele der ehemaligen sowjetischen Liegenschaften wurden nach dem Abzug der Truppen neuen Zwecken zugeführt. In Hagenow scheiterten entsprechende Bemühungen. So verfällt nach und nach, was vom nationalsozialistischen Fliegerhorst übrig geblieben ist. *MK*

Vorige Doppelseite: Eingestürzter Teil des Kasernengebäudes

Der Treibstoff des Todes

Sauerstofffabrik Peenemünde

Nummer 8 ist überall: in der kleinsten Luftblase, im winzigsten Wassertropfen, in zahlreichen Mineralien. Ohne Sauerstoff, dem Element mit der Ordnungszahl 8 im Periodensystem, gäbe es kein Leben auf der Erde. Und kein Element kommt auf der Erde häufiger vor – doch nicht als reiner Sauerstoff. Genau den benötigten aber die Erbauer der Sauerstofffabrik in Peenemünde. Allerdings nicht, um Leben zu spenden – im Gegenteil: Die Fabrik war Teil eines Projekts, mit dem die Nationalsozialisten die Naturgesetze herausforderten, um Tod und Vernichtung über die Menschen zu bringen.

Unheilvoll wirkt die Sauerstofffabrik noch heute. Ein düsterer Koloss aus schwarz verfärbtem Backstein mit dunklen Fensterhöhlen. Nur ein Gitterzaun trennt das Monstrum von einem gepflegten Wohngebiet. Wie ein Fremdkörper erhebt es sich zwischen Einfamilienhäusern und

Ruine im Wohngebiet: Die Sauerstofffabrik der Heeresversuchsanstalt

Begrünt: Zwischen den Betonpfeilern der unheilvollen Fabrik wachsen Bäume

gepflegten Gärten und erinnert an die dunkle Vergangenheit des kleinen Örtchens an der Nordspitze Usedoms.

Die Ruhe im bis dahin beschaulichen Fischerdörfchen endete 1936. In diesem Jahr begann die Wehrmacht, die gesamte Nordspitze der Insel aufzukaufen, um dort die Heeresversuchsanstalt anzusiedeln. Bereits seit 1932 gab es diese Einrichtung in Kummersdorf südlich von Berlin, allerdings wurden die Flächen dort zu klein. In Peenemünde entstanden nun zwei Anlagen. Peenemünde-West als Testgelände für die Luftwaffe, Peenemünde-Ost als der Ort, in dem eine völlig neue Waffentechnologie erprobt und auch produziert werden sollte: Waffen mit Raketenantrieb. Für diese benötigten die NS-Ingenieure eine große Testzone, wofür sich die Ostsee anbot. Mit einem Namen ist das Projekt untrennbar verbunden: Wernher von Braun, Spross eines ostpreußischen Adelsgeschlechts, seit seiner Jugend weltraumbegeistert, studierter Mathematiker und seit Beginn an den ersten Raketenversuchen in Kummersdorf beteiligt. Der Titel seiner 1934 vorgelegten Promotionsschrift lautete: »Konstruktive, theoretische und experimentelle Beiträge zu dem Problem der Flüssigkeitsrakete«.

Vorige Doppelseite: Von den Anlagen ließen die Sowjets nur die Sockel übrig

Von Braun war nicht der Einzige, der in den ersten Jahrzehnten des 20. Jahrhunderts von der Idee fasziniert war, den Weltraum zu erobern. Fantasien über Mondreisen und Raketen füllten Bücher und Journale, gaben Stoff für Filme und Singspiele. Die Idee, dass sich Raketen auch militärisch nutzen lassen, nahm den Fantasien die Unschuld – und rückte sie gleichzeitig in den Bereich des Realisierbaren. Das NS-Regime stellte für die Forschung unbegrenzte Mittel zur Verfügung, und Wissenschaftler wie von Braun erlagen der Versuchung. Nicht nur Goethes Faust schloss einen Pakt mit dem Teufel.

Innerhalb weniger Jahre entstand in Peenemünde eine geheime Stadt. Die ursprünglichen Bewohner wurden zwangsweise umgesiedelt und machten Platz für Labore und Werkshallen, eine eigene Werkseisenbahn, Wohnsiedlungen für Angestellte und Arbeiter – und ab 1940 auch für ein Zwangsarbeiterlager. Ein eigenes Kraftwerk erzeugte den Strom für den Komplex, und in einigen Hundert Metern Entfernung entstand das Gebäude, in dem der Großteil des Stroms verbraucht wurde: die Sauerstofffabrik.

Überbleibsel: Rostende Armierungseisen

Die ungewöhnliche Fabrik lieferte den Treibstoff für die Waffen, für deren Entwicklung und Produktion große Teile des Komplexes errichtet wurden. Dabei handelte es sich um die mit Sprengstoff bestückten Raketen, die zunächst unter der technischen Bezeichnung Aggregat 4 oder A4 entwickelt und dann unter dem propagandistisch aufgeladenen Namen V2 bekannt wurden – angebliche »Vergeltungswaffen«. Mit bislang ungeahnter Zerstörungskraft sollten sie größtmöglichen Schaden anrichten, und dies ohne eigene Verluste. Am 3. Oktober 1942 gelang der erste Versuchsflug. Zum ersten Mal in der Geschichte der Menschheit drang ein Flugobjekt bis zum Rand des Weltalls vor – was manchen später Anlass gab, Peenemünde stolz als »Wiege der Weltraumfahrt« zu bezeichnen.

Dass die Geburtsstunde der Raumfahrt einem Kriegsverbrechen diente, wurde gerne verschwiegen.

Die technischen Anlagen, in denen der als Raketentreibstoff verwendete flüssige Sauerstoff nach dem sogenannten Linde-Verfahren gewonnen wurde, sind verschwunden. Unmittelbar nach Kriegsende wurden sie demontiert. Zurück blieben die leeren Hallen der Sauerstofffabrik – ungenutzt bis heute. Ruhig und friedlich ist die Atmosphäre zwischen den mächtigen Betonpfeilern. Fast schon sakral wirkt die große Halle, dreischiffig, wie eine Basilika. Jahrzehnte des Leerstands haben eine ganz neue Welt geschaffen. Moosteppiche bedecken den Boden, Büsche und Bäume sprießen dem Licht entgegen, das durch das löchrige Dach fällt. Ihre Wurzeln dringen in die Risse des Stahlbetons ein. Die Natur sucht und findet ihren Platz in einem Bau, in dem man einst die Naturgesetze herausforderte.

Den Krieg selbst hatte die Sauerstofffabrik schadlos überstanden – ganz im Gegensatz zu weiten Teilen der Heeresversuchsanstalt. Denn nachdem die Alliierten herausgefunden hatten, dass an diesem Ort Hitlers Ingenieure an einem neuen Kapitel des Massenmords arbeiteten, rückte Peenemünde ins Visier britischer Kampfflieger. Am 17. August 1943 wurde Peenemünde erstmals bombardiert. Tragischerweise trafen die ersten Bomben nicht die Fabriken, sondern die Außenlager des Konzentrationslagers Ravensbrück in Trassenheide. 300 Zwangsarbeiter starben.

Nach weiteren Bombardements wurde die Produktion der V2 im Herbst 1943 in unterirdische Fabriken verlegt. Was als »Untertageverlagerung« bezeichnet wurde, war eine weitere Steigerung der Unmenschlichkeit. Jetzt mussten KZ-Häftlinge in feuchten und dunklen Stollen die Raketen zusammenbauen. Der bekannteste Ort des Schreckens: das KZ Mittelbau-Dora in Thüringen. Über 3000 V2-Raketen entstanden unter diesen Bedingungen, rund 8000 Menschen fielen ihnen zum Opfer, vor allem in Großbritannien. Die Zahl der Häftlinge, welche die Zwangsarbeit nicht überlebten, war noch weit höher: Allein in Mittelbau-Dora starben schätzungsweise 20 000 Menschen.

Die düstere Geschichte von Peenemünde wird heute im Historisch-Technischen Museum dokumentiert – eine sachliche und kritische Darstellung, frei von zweifelhaftem Weltraumstolz. Es wird erwogen, auch die Sauerstofffabrik eines Tages als offiziellen Teil der Denkmallandschaft zur Besichtigung freizugeben. Bis dahin zerfällt sie weiter. *AS*

Das Bollwerk an der Elbe

Eisenbahnbrücke und Festung Dömitz

Wandert man im Biosphärenreservat Flusslandschaft Elbe von Gorleben flussabwärts am Deich entlang, stößt man hinter Langendorf auf die Überreste einer einst mächtigen Brücke über die Elbe. Die fast 1000 Meter lange Eisenbahnbrücke Dömitz wurde zwischen 1870 und 1873 errichtet und stellte damals eine wichtige Verbindung zwischen Wittenberge und Lüneburg dar. Wie imposant das Bauwerk einst war, lassen die stählernen Bögen, die gemauerten Stützpfeiler sowie die wehrhaften Tor- und Wachbauten noch heute erahnen. Ihre strategische Bedeutung verdankte die Brücke der nahen Festung Dömitz. Versteckt im Innern

Zeugen des 19. Jahrhunderts: Wachbauten der Eisenbahnbrücke Dömitz

Nur teilweise erhalten: Segmente der Brücke auf der westlichen Elbseite

der Wachhäuser und in einigen Brückenpfeilern befanden sich Sprengkammern: Hätten in einem Krieg feindliche Truppen die Elbe überqueren wollen, sollte die Brücke zerstört werden.

Zerstört – jedenfalls in Teilen – wurde das Bauwerk dann allerdings sehr viel später durch den Feind: durch einen alliierten Luftangriff kurz vor Ende des Zweiten Weltkriegs, am 20. April 1945. Bis dahin hatte sie deutschen Truppen zur Überquerung der Elbe gedient. Nach der Teilung Deutschlands lag die beschädigte Dömitzer Brücke direkt an der Grenze zwischen Ost und West. So war an ihre Restaurierung nicht zu denken. Die Reste auf mecklenburgischer Seite wurden bis 1988 abgetragen. Der Brückentorso auf westlicher Seite galt bis zur Wiedervereinigung als ein Symbol der Teilung. 2009 wurde die Brücke von der Deutschen Bahn an ein Privatunternehmen verkauft, das interessierten Besuchern gelegentlich den Zugang zu dem unter Denkmalschutz stehenden Brückenhaus gewährt.

Folgt man dem Weg in Richtung Dömitz, erblickt man schon bald die mächtigen Bastionen und Schutzmauern der berühmten Festung. Das Festungsbauwerk mit fünfeckigem Grundriss ist zwischen 1559 und

Vorige Doppelseite: Das malerische Stahlgerippe der Eisenbahnbrücke

1565 nach Plänen des Italieners Francesco a Bornau errichtet worden, um die Grenze Mecklenburgs und den Übergang an der Elbe zu schützen. Es wurde lange Zeit auch als Gefängnis und Irrenhaus genutzt. So verbrachte hier der Schriftsteller Fritz Reuter zwischen 1838 und 1840 den letzten Teil seiner Haftzeit, zu der er wegen Hochverrats und Majestätsbeleidigung verurteilt worden war.

Die einzelnen Nutzungsepochen des Bauwerks sind noch heute erkennbar. Ab 1894 diente die Festung mit ihren zehn Meter hohen Mauern aus Backstein nicht mehr militärischen Zwecken. In den Gebäuden entstanden teilweise Wohnungen, und der Innenhof wurde in den 1920er Jahren zum Festplatz. Während der NS-Zeit nutzte der Reichsarbeitsdienst den Bau, die Kasematten wurden als Lager der Wehrmacht und zu Luftschutzzwecken ausgebaut.

Backsteinbau mit Geschichte: Festung Dömitz

Ein Teil der Kasematten wie einige der fünf Bastio-

nen sind für Besucher geöffnet. Die Bastion Greif vis-à-vis dem Eingang wurde umfangreich saniert und beherbergt seit 2015 eine Ausstellung. Die benachbarte Bastion befindet sich noch im ursprünglichen Zustand. Der Weg hinab in den Untergrund ist nur mit wenigen Lampen versehen. Unten angekommen, betritt man eine geheimnisvoll wirkende Welt. Einige Maueröffnungen geben den Blick in den mit Wasser gefluteten Wallgraben frei – von hier hätten Angreifer unter Beschuss genommen werden können. Wassertropfen fallen von der Decke, ansonsten herrscht eine geradezu unwirkliche Stille. Nicht alle Räume sind erschlossen, in dem schwachen Licht sind zahlreiche Gänge auszumachen, die immer tiefer ins Dunkel führen.

Als Ausstellungsfläche genutzt: Kasematte

Unwillkürlich denkt man an das Gerücht, es existiere ein Gang, der unterhalb der Elbe bis zu dem knapp zehn Kilometer entfernten Dannenberg verläuft. Er wurde angeblich angelegt, um im Belagerungsfall zwischen den beiden Festungen Hilfstruppen und Proviant austauschen zu können. Seit dem 18. Jahrhundert schreckte die Legende vom Trommler der Festung Dömitz davor ab, diesen Tunnel ausfindig zu machen: Ein Soldat sollte den Gang erkunden und schritt voller Mut trommelnd voran – doch irgendwann verstummte das Instrument, und der Mann tauchte nie wieder auf.

Seit den 1960er Jahren werden vom Dömitzer Heimatmuseum Führungen durch das Bauwerk, das zu den besterhaltenen Festungen in Norddeutschland zählt, angeboten. Die ausgetretenen Treppenstufen zu den Kasematten bezeugen, dass hier schon viele Menschen hinab- und wieder hinaufgestiegen sind. Doch nur ein kleiner Teil des unterirdischen Tunnel- und Gewölbesystems ist bislang erschlossen. Und der Gang zum Dannenberg harrt noch immer seiner Entdeckung. *MK*

Voriger Doppelseite: Unterirdische Gänge der Festung

Die verbotene Halbinsel

Marinestützpunkt in Dranske

Verlässt man die Ortschaft Dranske in südwestliche Richtung, so gelangt man auf eine schmale Landzunge, welche die Insel Rügen mit der Halbinsel Bug verbindet. Die Reste einer parallel zur Straße verlaufenden alten Heiztrasse verraten bereits, dass den Besucher am Ende des Wegs nicht nur Natur erwartet. Nach einigen Metern versperrt ein Tor die Weiterfahrt für die ungebetenen Gäste. Schon zur Zeit der DDR, als sich auf der Halbinsel Bug ein Stützpunkt der Marine der Nationalen Volksarmee befand, war das Betreten nur ausgewählten Personen gestattet.

Die militärische Nutzung des Areals hatte bereits in der Kaiserzeit begonnen: 1916 wurde hier eine Seeflugstation der Marine eingerichtet. Zwei Jahre später hatte Deutschland den Ersten Weltkrieg verloren, und nach Unterzeichnung des Versailler Vertrags musste die erste militärische Einrichtung auf der Halbinsel bereits demontiert werden. Doch kaum

Übrig geblieben: Reste des Marinestützpunkts auf der Halbinsel Bug

Hallen ohne Inhalt: Ehemaliger Garagentrakt der Nationalen Volksarmee

waren die Nationalsozialisten 1933 an die Macht gekommen, geriet die über acht Kilometer lange und 500 Hektar große Halbinsel wieder in den Fokus der Strategen.

Spuren der verschiedenen Nutzungsphasen sind heute noch an zahlreichen Stellen zu finden. Läuft man, die schmale Landzunge hinter sich lassend, an der Ostseeküste entlang weiter in Richtung Süden, stolpert man unweigerlich am Strand und im Wasser über mehrere große Betonblöcke. Ein Blick auf alte Luftbilder verrät, dass an dieser Stelle in den 1930er Jahren ein riesiger, 200 Meter langer Seekran errichtet wurde. Mit ihm konnten bis zu 20 Tonnen schwere Wasserflugzeuge aus der Ostsee aufgenommen und abgesetzt werden, sofern der Seegang in Küstennähe es erforderte oder der Wieker Bodden – auf der gegenüberliegenden Uferseite – im Winter zugefroren war. Der Kran war eines der baulichen Zeugnisse des in jener Zeit errichteten militärischen Fliegerhorstes für Land- und Seeflugzeuge. Von ihm zeugen heute nur noch wenige Bauten.

Blickt man während seines Strandspaziergangs hinter die Dünen, so kommen allerlei verlassene Bauten zum Vorschein: der alte Schießstand, Munitionslager, kleine Bunker und Unterstände sowie Laufgräben. All das ist etwas versteckt und teilweise mit dichten Hecken zugewachsen, bei genauerem Hinsehen jedoch gut erkennbar. Etwa im Zentrum des

Eilands wechselt plötzlich der Baumbestand – man befindet sich auf dem ehemaligen Flugplatz. Reste der bituminierten Pisten und Rollwege sind an zahlreichen Stellen zwischen den Pappeln zu entdecken, wenn man ein wenig mit den Schuhen am Boden scharrt.

Der Flugplatz war in den letzten Monaten des Zweiten Weltkriegs der Stationierungs- und Einsatzort von Flugzeugen, die von hier aus den Rückzug von Schiffen aus den östlichen Gebieten sicherten und sich aktiv an der Evakuierung der deutschen Bevölkerung beteiligten. Seine isolierte Lage ermöglichte es, dass sich noch am 5. Mai 1945 – die Rote Armee hatte schon weite Teile Vorpommerns eingenommen – deutsche Soldaten auf dem Luftweg nach Dänemark absetzen konnten.

Läuft man von hier aus weiter in Richtung Süden, durch den dichten Wald, stößt man auf den alten Posthafen. Einigen Historikern zufolge war die südliche Spitze des Bug im Herbst 1944 ein Versuchsareal für neuartige Waffen. Von den Tests zeugen noch heute mehrere zerstörte Betonbunker und Fundamentreste.

Steht noch: Heizwerk der Militäranlage

Nach Ende des Zweiten Weltkriegs wurden die militärischen Bauten überwiegend demontiert. Die wenigen Gebäude, die erhalten blieben, dienten als Behelfsunterkünfte für Flüchtlinge aus den evakuierten Ostgebieten. Die restliche Halbinsel wurde zum Rückzugsgebiet für die Tier- und Pflanzenwelt der Bodden- und Ostseeküste – bis 1965 die Halbinsel zum Stützpunkt der 6. Flottille der Volksmarine bestimmt wurde. Wieder wurde das Aussehen der Insel durch umfangreiche Baumaßnahmen verändert. Die Nationale Volksarmee nutzte vornehmlich den Bereich des sogenannten Försterhafens.

Nach der Wiedervereinigung wurde der Standort 1991 im Rahmen der nationalen Abrüstung vollständig aufgelöst. Einen Großteil der militärischen Hinterlassenschaften baute man seitdem zurück. Die Natur

Derzeit ohne Funktion: Hafenbecken an der Haffküste

nahm erneut Besitz von der Halbinsel. Zur Jahrtausendwende gab es Pläne, deren nördlichen Bereich in eine Ferienanlage umzuwandeln und mit einer Marina zu bebauen. Realisiert wurden sie bisher nicht. Teile des südlichen Bug wurden dem Nationalpark Vorpommersche Boddenlandschaft eingegliedert. Seit 2005 erinnert eine kleine Kriegsgräberstätte an 78 Flüchtlinge, die hier an Entkräftung oder Krankheit starben.

Weite Teile der Insel sind in den Sommermonaten aufgrund des üppigen Bewuchses nur schwerlich zu betreten. Geführte Rundgänge werden zwischen April bis Oktober angeboten. Dem Besucher wird vor allem die Tristesse der ehemaligen militärischen Funktionsbauten, von denen heute einige als Lager genutzt werden, in Erinnerung bleiben. Am geheimnisvollsten ist noch heute der Bereich des alten Hafens im Norden der Halbinsel. Hier befanden sich einst vier der insgesamt neun Flugzeughallen mitsamt der Flugzeugwerft. Die Hallenfundamente bezeugen bis heute die enorme Ausdehnung der einstigen Militärgebäude.

Die verlassenen Stege des Hafens warten noch immer auf eine neue Nutzung. Schmucke Jachten und Segelschiffe würden der Gegend um Dranske gut zu Gesicht stehen. *MK*

Vorige Doppelseite: Ablaufbahnen für Schiffe